Paramahansza Jógánanda
(1893-1952)

PARAMAHANSZA
JÓGÁNANDA

Győztesnek
lenni
az életben

Self-Realization Fellowship
FOUNDED 1920 BY PARAMAHANSA YOGANANDA

A KÖNYVRŐL: A *Győztesnek lenni az életben* (To Be Victorious in Life) című előadássorozatot, amelyet Paramahansza Jógánanda eredetileg az 1925-ben alapított negyedéves magazinjában a *Self-Realization*-ben jelentetett meg, a Self-Realization Fellowship gondozásában. Ezek az előadások a Self-Realization Fellowship Los-Angeles-i Nemzetközi Központjában, valamint az SRF encinitasi templomában, Kalifornia államban hangzottak el. Srí Dajá Mata, Paramahansza Jógánanda egyik legkorábbi és hozzá legközelebb álló tanítványa rögzítette őket gyorsírással.

Eredeti angol cím:
To Be Victorious in Life
Kiadta Self-Realization Fellowship, Los Angeles (Kalifornia)

ISBN: 978-0-87612-456-7

Magyarra fordította a Self-Realization Fellowship

Copyright © 2025 Self-Realization Fellowship

Első magyar kiadás, 2025
First Edition in Hungarian, 2025
Kinyomtatva 2025
This printing 2025

ISBN: 978-1-68568-254-5

1572-J8805

Tartalom

Győztesnek lenni az életben

ELSŐ RÉSZ

Tudatod kiterjesztése a mindent felölelő siker felé[*]

A mennyek országának kapuja a transzcendens tudat azon kifinomult központja, amely a két szemöldök között helyezkedik el. Ez a koncentráció helye, és amennyiben figyelmedet ide összpontosítod, hatalmas spirituális erőre és támogatásra számíthatsz önnön belsődből. Érezd át, hogy tudatod kitágul az isteni tudatban. Éld át, hogy nincsenek korlátok, nem kötődsz a testedhez, hanem haladsz egyre beljebb Isten országába, ahová a spirituális szemen

[*] Az 1939 októberében és novemberében elhangzott előadások kivonatos anyaga.

keresztül juthatsz el.[†]

Imádkozz velem: „Mennyei Atyám, nyisd meg spirituális szememet, hogy beléphessek a Te mindenütt jelenvaló királyságodba. Atyám, ne hagyj engem senyvedni e földi világ nyomorúságában; vezess a sötétségből a fénybe, a halálból a halhatatlanságba, a tudatlanságból a végtelen bölcsességbe, a bánatból az örök boldogságba."

A BENNÜNK REJLŐ

VÉGTELEN SPIRITUÁLIS ERŐ

Ahogy előrehaladsz az élet kanyargós és olykor elágazó ösvényein, mindenekelőtt azt az utat kutasd, amely elvisz Istenhez. India megvilágosult *risijei* jól bevált módszerekkel mutattak rá, hogyan lehet leküzdeni a bizonytalanságot és tudatlanságot, ha az isteni fény nyomvonalát követjük, amelyet ők ragyogtattak fel, és amely

---

† Az intuíció és az egyetemes érzékelésért felelős "harmadik szem" a Krisztus-tudat (Kutaszthta) központjában (ádzsna csakra), amely a két szemöldök között található. Az isteni tudat végső állapotaiba a spirituális szemen át léphetünk be. A spirituális szem felébresztésével, és ebbe behatolva, a tanítvány egyre magasabb tudatállapotokat tapasztal meg, amilyen a szupertudat, a Krisztus-tudat és a Kozmikus tudat. Az ehhez vezető módszereket a Krija jóga meditációs tudománya tartalmazza. E technikákat Paramahansza Jógánanda *Self-Realization Fellowship Leckéin* keresztül sajátítják el a tanítványai.

egyenesen a Végső Célig vezet. A Self-Realization Fellowship tanításai India bölcseinek hangján szólalnak meg, az igazság hangján, a tudományos Istenélmény hangján. A modern kor ennek révén találhat megértésre, így szabadíthatja fel és válthatja meg magát.

Egyedül az Istentudatban érhetjük el a végső szabadságot, a teljes, maradéktalan megváltást. Ezen kell buzgólkodnunk minden erőnkkel, egészen addig, amíg Mennyei Atyánk elismeri fáradozásainkat, és győztessé avat minket mindenek felett. Ez az élet csupán próba; Isten megmér minket, vajon képesek vagyunk-e kifejleszteni a bennünk lakozó határtalan spirituális erőt, avagy megmaradunk az anyag vonzásának hatókörében. Ő mindeközben némán figyel, szabad választást hagyva nekünk. Úgy vélem, nem tévedhetünk, amennyiben India tanításait követjük, amelyeknek mesterei a szakértői. A világnak nyújtott felbecsülhetetlen ajándéka az a tudás, amelynek előírásait lépésenként követve rátalálhatunk Istenre. Ha követitek a Self-Realization útmutatásait, amelyeket India mestereitől hoztam el nektek, még ebben az életben meglelitek Istent. Ezt jelentem ki nektek. Lássatok hozzá máris, mielőtt elvész ez a lehetőség, és a halál elragad benneteket.

Minden szavam Istentől való. Saját tapasztalataim alapján beszélek. Aki átülteti a gyakorlatba eme igazságokat, maga is megbizonyosodhat mondandóm igazáról. Az igazság aranyrögeit adom át neked, és ha okosan élsz vele, dúslakodni fogsz a Szellemben. Hajszoljon bár a világ haszontalan célokat körülötted, ne vesztegesd idődet e rövidlátó rohanásban. Ugyan mire jó az a pár fillér vagy kis egészség? Ezek mind vakvágányok. Oly gyengének mutat minket a látszat: a legkisebb kudarcra is összeomlunk. Holott minden csontunk és izomrostunk, minden gondolatunk és akaratunk mögött Isten végtelen szelleme munkálkodik. Őt keresd, és tiéd lesz a teljes győzelem. Belülről fakadó mosollyal mosolyogsz majd a világra, amiből kitetszik, hogy valami sokkal jelentősebbre találtál a földi kincseknél.

AZ IGAZI SIKER:
AVASD ÉLETED SUGÁRZÓVÁ,
TEDD BOLDOGGÁ MAGADAT ÉS MÁSOKAT

Csak nagyon kevesen értik meg, miben áll a tudat kitágítása, ami az igazi siker alapja. Anélkül születünk erre a világra, hogy tudatában lennénk csodálatos képességeinknek, és az emberek többsége soha nem próbálja tudományosan kifejleszteni magában ezeket a potenciálokat. Ennek tudható be, hogy a földi élet többé-kevésbé bizonytalan. Ahelyett azonban, hogy találomra élnél, kiszolgáltatva a sors látszólagos szeszélyének, a legkisebb fuvallatnak, uralhatod is létedet. Megrendszabályozhatod életedet, hogy megadja, amit megadhat: a tudat olyatén kitágítását, amely maradéktalanul kibontakoztatja a benned rejlő isteni erőket.

Akkor nevezheted magad sikeresnek, amikor annyira kitágítottad tudatodat, hogy szüntelenül boldogságot sugárzol önmagadra és másokra. A sikert soha nem mások rovására érjük el. Aki vezet, és otthonos az utakon, bizonyára látott már lassan vánszorgó autót, amelyik senkit nem enged maga elé. Az élet sztrádáján is akadnak ilyenek, akik megmakacsolják magukat önzésükben, miközben mások előrehaladását is akadályozzák. Közéjük tartoznak a zsugoriak, akik féltve kuporgatják vagyonukat, ahelyett, hogy embertársaik javára fordítanák, amijük van. Az emberi gyengeségek közül az önzés az egyik legártalmasabb démon, nagylelkűséggel azonban ez is legyőzhető.

Az igazi sikert nem korlátozza önérdek, hanem a tágabb közösség szolgálatába állítja magát. A virágot ugyan megköti a szára, illatát és szépségét mégis sokan csodálhatják. Némelyik illata messzire terjed, mások szagtalanok, de az ő szépségük is megörvendezteti a szívet. A fák hűs árnyat és zamatos gyümölcsöt adnak, miközben a levegő széndioxidját oxigénné alakítják át, amelyet belélegzünk. A napkorong távolinak és kicsinynek látszik az égbolton, mégis ez ad fényt és meleget Földünknek. A csillagok ékkőre emlékeztető csillogásukkal gyönyörködtetnek. Isten valamennyi megnyilvánulása a természetben olyan rezgéseket küld szét, amelyek ilyen vagy olyan módon a világot szolgálják. Hanem mit teszel te, legmagasabb rendű teremtménye, hogy túllépj önmagad zárt körén? Lelked végtelen hatalom jelzőtüze. Sugározd szét ezt a belső erőt; fényt, egészséget és megértést adva másoknak.

Némelyik ismerősöm mit sem változott az évek folyamán. Mindig ugyanolyanok maradnak, akár a megszenesedett, megkövesedett szerves maradványok. Egy ilyen kövület és egy növény között az a különbség, hogy amíg a kövület ugyanolyan, mint volt évmilliókkal ezelőtt, a növény egyre növekszik. Légy te is élő mag, amely a talajba jutva nyomban fölfelé tör, fényt és levegőt szív magába, ágakat növeszt, hogy végül sudár fává terebélyesedjék és virágba boruljon. Az embert is erre a célra szánta a Teremtő, hisz sarjadzó-növekvő spirituális növény, és nem holt, megkövesedett fa.

Képes vagy rá, hogy az erő és siker virágzó ágait növeszd magad köré, s életed ösztönző példája az egész kozmoszt belengje. Henry Ford kisemberként kezdte, egy szűk garázsban, idővel azonban az egész világ megismerte kreativitását és kezdeményező készségét. Ugyanezt mondhatjuk el George Eastmanről, a Kodak feltalálójáról. A sikeres emberreknek helye van a mennyben, és élvezik is annak áldásait. Saját tapasztalatomból beszélek. A mennyország minden nagy embert megbecsül, aki a lelkében élő isteni erőket felhasználva lett valakivé.

KAMATOZTASD A HALADÁSRÓL ÉS SIKERRŐL GONDOSKODÓ ISTENI TÖRVÉNYT

A teremtést nem vak erők irányítják. Intelligens terv szerint működik. Ha Isten csupán az éhséget hozta volna létre, a csillapítására szolgáló élelem nélkül, mi lett volna belőlünk? Ellene mond a józan észnek, hogy e világ nem több atomok véletlenszerű társulásánál, melyek mögött nem áll kormányzó értelem.

Ellenkezőleg, a mindenséget átható rend és törvényszerűség magáért beszél. Életedet és minden életet Isten intelligensen kialakított kozmikus törvényei szabályozzák matematikai pontossággal. A tettek, avagy a karma, az ok és az okozat isteni törvénye szerint minden cselekedeted bevésődik lelkedbe. Annak mértékében nyersz tehát belépőt halálod után a kötelességtudó lelkeknek berendezett mennyei tartományokba, ahogy életedben munkálkodsz, és amit elérsz akaratoddal, kreativitásoddal. Amikor pedig újra leszületsz erre a világba, szellemi erőid korábbi erőfeszítéseid szabják meg.

Tegyük fel, hogy valaki beteges testtel, szűkös anyagiakkal és korlátozott lehetőségekkel éli az életét, mégis derekasan munkálkodik haláláig. Ez a kudarcokkal nem törődő szívósság olyan dinamikus magnetizmussal rendelkezik, amely az illető következő megtestesülése során egészséget, jólétet és segítő barátokat vonz magához. Vagy, mondjuk, másvalaki elhatározza, hogy nagylelkű tettekkel szolgálja az emberiséget, csakhogy idő előtt ragadja el a halál, és így nincs módja végigvinni nemes vállalkozását. Midőn újra visszatér, iménti eltökéltségét új életébe is magával viszi, a cél eléréséhez szükséges szellemi kapacitással együtt. Az úgynevezett „öröklött előnyök" és „szerencsés véletlenek" soha nem a vaksors művei, hanem annak az okozati láncnak a törvényszerű megnyilvánulásai, amelyek eredete nemritkán előző életekbe nyúlik vissza. Ezért, ha el akarsz érni valamit, a majdani siker érdekében már most meg kell tenned a szükséges lépéseket.

Ha azt szeretnéd, hogy a cselekvés törvénye az érdekedben munkálkodjon, neked magadnak is tevékenynek kell lenned. Mozgósítsd képességeidet, ahelyett, hogy hagynád megcsontosodni azokat a tétlenségben. Oly sok a lusta ember, akiből hiányzik minden ambíció, aki megelégszik a létminimummal és így vegetál el halálig. Egy ilyen tunya létezés aligha nevezhető életnek. Az él, akit áttüzesítenek céljai, melyeket rettenhetetlen elszántsággal igyekszik megvalósítani. Légy tehát lelkes és tevékeny, válj valakivé, és adj valami értékeset a világnak is. Én is azért törekedtem többre, mert Mesterem [Szvámi Srí Juktésvar] meggyőzött arról, hogy belőlem is lehet valaki, amennyiben az akadályokkal dacolva megteszem az ehhez szükséges lépéseket.

Sokan nemesen gondolkodnak, csak éppen nem munkálkodnak e célokon. Holott a nagyság tevékenység eredménye. Csak úgy arathatod le a sikert, ha eredményeket érsz el. Nem elég magasztos eszméket melengetni, tenni is kell értük. Ha erényesnek hiszed magad,

ettől még nem leszel az. Ezért a sikerről való képzelgés
még nem avat sikeressé. Hiába állítod magadról, hogy
bámulatos spirituális lény vagy, csak akkor leszel spiri-
tuális, ha eszerint élsz. Minden tett gondolattal kezdő-
dik, azaz először a tudat síkján jelenik meg. Ahhoz,
hogy egy gondolatot átültess a gyakorlatba, akaratod
dinamikus koncentrációjával és kitartással kell mozgó-
sítanod az elme legyőzhetetlen erőit. A nemes gondola-
tok ehhez csupán az első lépést képviselik. A további
teendő az, hogy akaratoddal mozgásba hozd a cselek-
vés idevágó törvényeit. „Ennek tudatában a megváltást
kereső bölcsek ősi időktől végrehajtották kötelességsze-
rű tetteiket. Te is kötelességtudón cselekedj hát, miként
eleink egykor, a régi korokban. "‡

A KÜLSŐ ÉS BELSŐ
AKADÁLYOK LEGYŐZÉSE

Elkerülhetetlen az ellentéteknek ebben a világában,
amely fényből és sötétségből, jóból és rosszból tevődik
össze, hogy valahányszor terjeszkedni próbálunk,
ellenségekkel találkozunk. Ez valamennyi

‡ *Isten szavai Ardzsunához: Bhagavad-gíta* IV:15. (Kiadó: Self-Realization
Fellowship)

erőfeszítésünkre igaz. Valahányszor el akarunk érni valamit, ellenállásba ütközünk. Amint a magból palánta sarjad, a talaj ellene szegül felfelé törekvésének, kártevő rovarok szállják meg, aztán pedig meg kell küzdenie a táplálékára és vízére áhítozó gyomokkal. Szüksége lesz hát a kertész támogatására. Ugyanez igaz az emberre. Amennyiben sanyarú körülmények vagy önnön gyengeséged okán nincs elég erőd, hogy életed fáján kinöveszd a siker ágait, tanító, avagy guru segítségére szorulsz, akitől megtanulhatod, miként fejleszd elméd erejét. Elsajátíthatod tőle a meditáció művészetét. Együtt kigyomláljátok a korlátozó szokásokat és a rossz karmát, amelyek különben elburjánoznának életed talaján. Ellen kell állnod ezeknek az ellenfeleidnek, és tovább próbálkoznod. Küzdelem nélkül semmire sem jutsz. Ugyanakkor ne is bánts senkit szándékosan, ne gázolj át másokon könyörtelenül, csak hogy megkapd, amit akarsz. Győzd le a külső akadályokat és a visszahúzó körülményeket az elme és akaraterő spirituális hatalmánál fogva, csakúgy, mint belső korlátaidat. Ha ez sikerül, azzá lehetsz, amivé lenni akarsz, és eléred céljaidat.

Ne feledd, módodban áll erősnek lenni. Közvetlenül tudatod felszíne alatt ott munkál Isten mindenhatósága. Ahelyett azonban, hogy javadra fordítanád ezt az isteni erőt, szilárd falat emeltél kettőtök közé. Egyre csak kifelé figyelsz, anyagi testedtől és a földi világtól függesz, ahelyett, hogy magadba néznél, és Isteni Lakódra összpontosítanál.[§] Ezért hiszed, hogy korlátozottak a lehetőségeid.

AZ ELME SIKERRE VEZETŐ EREJÉNEK MEGNÖVELÉSE

Hogyan léphetsz hát előre, miként növekedhetsz? Figyelmedet fordítsd befelé – önmagadba -, hogy felszabadítsd belső erőidet. Mindenki képes erre közülünk. Láss neki már ma. Az elme mindennél előbbre való; Isten eszköze ez, amelynek segítségével mindent megteremtett. Hihetetlenül rugalmas, és a gondolatminták alapján teremt. Az egészség, a spiritualitás, a betegség és a tudatlanság egytől egyig az elme gyümölcse. Mi más a betegség, ha nem a betegség elgondolása? Mi a tudatlanság, ha nem a tudatlanság képzete? Mi a kudarc, ha nem a kudarc gondolata?

---

§ „Mert ti az élő Istennek temploma vagytok, amint az Isten mondotta: Lakozom bennök és közöttük járok; és leszek nékik Istenök, és ők én népem lesznek" (2 Korinth, 6, 16.).

Az élet útjait járva láttam, hogy azok sikertelenek, akik nem élnek az elme erejével. Aki érdemes célok megvalósításában törekszik sikerre, az megnöveli elméje erejét. Ahogy az elme erősebbé válik, úgy növekszik az ember mágneses vonzása is, és ez a belülről gerjesztett mágnesesség olyan körülményeket és embereket vonz a közelébe, amelyek sikerre vezetnek. Az értékes kapcsolatok nagyon fontosak. Nem akarhatod learatni a siker gyümölcseit szeretteid nélkül (legyenek hozzátartozóid vagy támogató ismerősök). Ők majd megbecsülnek és melléd állnak, s velük oszthatod meg boldogságodat. Elmeerőd és mágneses vonzásod magas színvonala olyan barátokat vonz a közeledbe, akik értelmessé teszik életedet. Ápold hát barátságaidat, hogy tartósak legyenek. Legyél igaz barát, ugyanakkor műveld és csiszold személyiségedet is. Az Úr egyedi, megismételhetetlen egyéniséggé tett. Senki nem hasonlít rád maradéktalanul. Arcod és elméd senki emberfiáéhoz nem fogható. Légy hát büszke magadra, és ne merülj el az önsajnálatba, ne irigykedj másokra. Légy egyenes, félelmet nem ismerő, becsületes, melegszívű, együttérző, megértő, érdeklődj mások dolgai iránt, de ne légy tolakodó. Elmeerőd és

magnetizmusod néma rezgései önmagukért beszél-
nek, és tudtára adják a világnak érdemeidet.

TÖRJ KI KORLÁTAID SZŰK KÖRÉBŐL

A legtöbben azt gondolják: „Olyan vagyok, amilyen
vagyok. Ha akarnám, sem lehetnék másmilyen." Hidd
ezt, és a sors arra kárhoztat, hogy soha ne is változz
meg! Ha úgy okoskodsz, hogy „mindössze ennyire
vagyok képes, többre nem", biztosra veheted, hogy
bele is ragadsz az adott helyzetbe. Elfeledkezel arról,
hogy mennyi ambíció fűtött fiatalon, s hogy egykoron
világhódító lelkesedés lobogott benned. Idővel azon-
ban bezárultak lehetőségeid, erőt vett rajtad a pesszi-
mizmus, a tehetetlenség érzése. Eleve nemet mondtál
mindenre, ez szorította ilyen szűk korlátok közé
képességeidet és téged magadat. Ne maradj e szűkös
cellában egész hátralévő életedben.

Van mód arra, hogy kiszabadulj. Egy ellenségektől
körülvett kis nép nehezen védi meg függetlenségét
vagy terjeszti ki területe határait, ennek azonban
külső gát az oka. A szellemi, spirituális függetlensé-
get ezzel szemben nem külső erők korlátozzák. Az
akadály te magad vagy, meg a rossz szokások, ame-
lyeket kialakítottál. Te építetted fel magadban ezeket

a belső barikádokat. Magad ítélted tenmagad e bör-
töncellára, gátat vetve további fejlődésednek. Ám
bármiféle korlátokat emeltél is, ledöntheted őket, fel-
téve, ha jó úton jársz.

Az átlagember tudata olyan, mint egy apró házikó,
ez az ő birodalma. Talán kicsivel távolabbra is tekint,
de nem kíván növekedni. Mások szellemileg és spiri-
tuálisan szűk helyiségbe zárják magukat, törekvéseik
annyira szűkösek, oly megrögzötten közönségesek.
Ezek a két lábon járó „élőhalottak" nem hisznek
abban, hogy új utakon indulhatnának el.

Hát nem jössz rá, hogy lelkünk mindőnknek óri-
ás? Hogy van akkora ereje spirituálisan, mint
Dzsingisz Kánnak, a történelem egyik legsikeresebb
hódítójának? Az effajta hódítás természetesen
korántsem üdvözlendő, amennyiben vérontás és
szenvedés jár a nyomában. Hiába győzöl világi biro-
dalmakon vagy lehetsz dúsgazdag uralkodó, ha félel-
meid és a földi kínok rabszolgája maradsz. Az győz
csak igazán, aki uralja saját énjét: aki leigázza szűkös
tudatát és határtalanra tágítja spirituális erőit.
Ilyenformán olyan messzire jut, amilyen messzire
csak akar, átléphet bármiféle akadályon, és kitünte-
tett győztesként élhet.

Törj hát ki a tudatlanság börtöncellájából, amelyben
szorong a lelked. Gondolkodj másképpen. Ne hagyd,
hogy gyengeséged vagy korod behatárolja gondolatai-
dat. Ki mondta, hogy öreg vagy? Nem vagy az. Te, a
lélek örökkön fiatal maradsz. Vésd tudatodba a követke-
ző gondolatot: „A lélek vagyok, az örökké fiatal Szellem
tükörképe. Majd kicsattanok a fiatalos tenni akarástól és
a sikerre vivő életerőtől." Gondolataid korlátokat állít-
hatnak eléd vagy felszabadíthatnak. Te vagy önmagad
legnagyobb ellensége és legjobb barátja. Hatalmadban
áll elérni, amit akarsz, amennyiben kellőképpen fellelke-
síted magadat, és megszabadulsz azoktól a lelki görcsök-
től, melyek meggyőződésed útjában állnak.

A „NEM VAGYOK RÁ KÉPES"
GONDOLKODÁS ELLENSZERE

Találkoztam olyanokkal, akik gyenge lábon álló
egészségük ellenére célokat tűztek maguk elé.
Betegeskedő testük mindig megpróbálta elvonni erről
a figyelmüket, ők azonban legyőzték ezt a fizikai aka-
dályt, és töretlen lendülettel folytatták, amibe belefog-
tak. Így a végén pusztán elméjük erejénél fogva elér-
ték, amit akartak. Ugyanakkor láttam másokat is, akik
kicsattanó egészséggel dicsekedhettek, agyuk azonban

nem volt nagyobb egy mogyorónál. Bárhogy próbálod meggyőzni az ilyen embert, azt feleli: „Nem vagyok rá képes." Mentális gát állja ennek útját, önnön gyengeségének érzete. Akadnak azután olyanok, akik egészségesek és intelligensek is, mégsem jutnak egyről a kettőre, mivel náluk a sikernek a rossz szokások állják útját. A kudarc mindig annak beismerésére vezethető vissza, hogy valamit nem tudunk megcsinálni, legyen az ok testi, mentális vagy spirituális. Ekkora az elme és a szavak rezgésének hatóereje. Ha egyszer kimondod: „Nem vagyok rá képes", nincs a világon élő ember, aki változtatni tud önmagadra kimondott ítéleteden. Le kell tehát győznöd ezt a bénító ellenséget, a „nem vagyok rá képes" tudatát.

Van ennek is ellenszere: ha kijelented: „Meg tudom csinálni." Éld át e kijelentést gondolatban, és erősítsd meg akaratoddal.

Hasonlóképpen ki kell törölnöd elmédből a „Meg tudom csinálni, de nem akarom" mondatot is, mert ez is ugyanúgy elgyengít, mint a másik. Sokan gondolkodnak így, hisz mindig könnyebb ölbe tett kézzel ülni. Pedig a legnagyobb bűn, amit fejlődésed és sikered ellen elkövethetsz, a mentális tunyaság. A fizikai lustálkodás még megbocsátható, amennyiben sokat munkálkodtál, és tested nyugalomra vágyik. A szellemi tunyaság azonban megbocsáthatatlan, mert befagyasztja az elmét. Ám ha legyőzöd magadban a „nem akarom" lustaságát, és elhatározod, hogy "szükséges és kötelező megtennem, és meg is fogom tenni", a siker sem marad el.

Irtsd ki valamennyi negatív gondolatodat. Győzd le tehetetlenséged tudatát egyszerűen úgy, hogy belefogsz az adott tevékenységbe, és fel sem hagysz vele. A körülmények ilyenkor is megpróbálnak majd visszatántorítani, elbátortalanítani, hogy újra azt mondd: „Nem vagyok rá képes." Ha van ördög a teremtésben, akkor ez a „nem vagyok rá képes" ördöge. Ez a Sátán áramtalanította végtelen erőd dinamóját, ő a legfőbb oka, hogy nem leszel sikeres az életben. Űzd ki e démont tudatodból a tántoríthatatlan meggyőződéssel: „Igenis, meg tudom csinálni!" Érezd át teljes lelkeddel, és ismételgesd minél gyakrabban. Higgyél benne. Láss munkának szilárd akarattal, és hited megtelik erővel. Dolgozz! És amíg dolgozol, soha ne add fel a meggyőződést, hogy meg tudod csinálni, amibe belekezdtél. Még ha ezer akadály tornyosul is előtted, ne hátrálj meg. Ekkora elszánás mellett mindenképpen megvalósul, ami felé törekszel, és ha ez bekövetkezik, azt mondod majd: „Nos, nem is volt ez olyan nehéz."

Miért kellene akkor átadnod magad a renyheségnek, miért élnél a tudatlanság rád kérgesedett burkában? Nem jobb-e kitörni e burokból az „igenis képes vagyok rá" szabad levegőjére. Ha ezt megteszed, ráébredsz, hogy elméd mindenható, és bármit elgondol, materializálódik. Nincs előtted más akadály, csak a „nem vagyok rá képes" tudata. Gondold meg, milyen csodálatos a kitágulás eme útja, amelyet most mutatok meg a számodra. „Meg tudom csinálni, meg kell csinálnom, és meg fogom csinálni" – e szavak segítségével átformálhatod önmagadat, és tökéletes győzelemre juthatsz.

ISTEN SZELLEMI DINAMITTAL AJÁNDÉKOZOTT MEG

Soha nem győzhetsz, ha nem teszed meg az ehhez szükséges erőfeszítést. Ne feledd, Isten annyi szellemi dinamitot adott neked, amennyivel minden nehézséged szétrobbanthatod. Ez a leghatékonyabb erő, ha győztessé akarsz válni az életben, s gyengeségeid és szokásaid gátján áttörve ki szeretnél jutni a tudat akadálytalan tágasságába. Két lábon járó halott kívánsz-e maradni, hibáid halma alá temetve? Nem! Tégy valamit ebben a világban, valami nagyszerűt! Bármibe fogsz is, nem kerüli el Isten figyelmét. Még ha a világ nem is ismer el, e szellemi erő áthatja lelkedet és nem hagyja el, bárhová is mész – ebben az életben vagy egy másikban – veled marad ez a legyőzhetetlen szellemiség. Az Úr Krisna így buzdította Ardzsuna harcos herceget: „Ó, Pártha („Prithá fia", Ardzsuna), ne hódolj be férfiatlan gyávaságnak; nem illő ez tehozzád. Ó, Ellenség Felprédálója, űzd el e hitvány kishitűséget! Emelkedj hát!"¶

Jómagam egész életemben éltem az elme erejével, és elmondhatom, hogy hatásos. Te is, amikor betegséggel vagy kudarccal szembesülsz, merülj mély meditációba, és ismételgesd magadban: „Mindenható Atyám, a Te gyermeked vagyok. Arra fogom használni elmém és akaratom megörökölt hatalmát, hogy megsemmisítsem a kudarcot előidéző okokat." Állítsd csatasorba lelki erőidet éjszaka, amikor elcsendesül a világ zaja; mikor az elméd rendkívül felfrissül és koncentrált lesz a meditáció, ima és Isten közelsége által.

Mit mondhatnék még ezek után? Ezek a gondolatok a gyakorlatban is beváltak. Ha te is elhatározod magad, hogy javadra fordítod őket, és szorgosan

¶ *Isten szavai Ardzsunához: Bhagavad-gíta* II:3. (Kiadó: Self-Realization Fellowship)

munkához látsz, *működni fognak.* Félresöpörheted az útból nehézségeidet; ledöntheted a tudatlanság bástyáit, amelyekben inkarnációkon keresztül raboskodtál. Tudni fogod ekkor, hogy Isten halhatatlan gyermekeként a halál nem vehet erőt rajtad, ahogyan az sem gátolhatja teljesen földöntúli belső erőid munkálkodását, hogy beleszülettél húsod ketrecébe.°°

Lelked erejénél fogva kell megváltanod a lelkedet, hogy bárhol is légy, szolgálatodba állíthasd az elme és az akarat legyőzhetetlen isteni erőit, s a segítségükkel leküzdj minden utadba kerülő akadályt!

AZ ANYAGI JAVAK
BIRTOKLÁSA NEM IGAZI SIKER

Kérdezd meg magadtól, mi életed célja. Isten képére teremtettél, ez valódi Éned. Ennek felismerése önmagadban a valódi siker, amely végtelen örömöt fakaszt, beteljesíti valamennyi vágyadat, s győz a test minden gyengeségén és a világ támadásain.

°° "Semmiféle fegyver nem járhatja át a lelket; tűz nem perzselheti; víz be nem nedvesítheti; és szél ki nem szikkaszthatja. A lélek szét nem zúzható; el nem ég, szét nem mállik, s ki nem szikkad. A lélek állandó, mindent átható, mindenkor nyugodt és mozdulatlan – örökké ugyanaz." *Isten szavai Ardzsunához: Bhagavad-gíta* II:23-24. (Kiadó: Self-Realization Fellowship)

Az emberi élet gondok szakadatlan sorozata. Mindenkinek megvan a maga keresztje: azaz naponta másfél milliárd problémával szembesül az emberiség. Van, akinek a szíve rakoncátlankodik, mások megfáznak; van, akinek a túl sok pénz a gond, másoknak pedig a pénz hiánya, vannak, akik folyton dühösek, és olyanok is akadnak, akik teljesen közönyösek. Kérdés azonban, ki a boldog közülünk? A siker valódi fokmérője a boldogság: az, hogy bármiféle szerepet töltesz is be az életben, boldog vagy-e igazából?

A sikert általában úgy képzelik el, hogy gazdagsággal, barátokkal és szép tárgyak birtoklásával jár. Ez az úgynevezett „jó élet". Holott az anyagi javak birtoklása nem valódi siker, hisz a körülmények és a dolgok folyton változnak. Ma még birtoklod mindezeket, holnap már nem. Ezért ne tekintsd magad sikeresnek, csak mert milliomos vagy.

Meglehet, keményen dolgozol, hogy learasd az üzleti siker áldásait, ám még mielőtt észrevennéd, felborul életed egyensúlya. Nincs időd, hogy élvezd azokat a dolgokat amiért hajtasz, és a sok aggódás és idegeskedés egészségedet is alááássa. Amit elértél az hirtelen jelentéktelenné válik, és úgy érzed, hogy elvesztegetted az életedet. De az is lehet, hogy erőfeszítéseid eredményeként egészséges tested, ellenben olyan szegény vagy, hogy nem tudod kielégíteni testi szükségleteidet. Az is előfordulhat, hogy egészséged és pénzed is van, mégis üresnek érzed az életedet, hisz a test és az egó szükségleteinek kielégítése soha nem elegendő a léleknek. Talán mindened megvan, mégis azt találod, hogy az egész mit sem ér, hisz boldogtalan vagy. A szív boldogsága nélkül nincs igazi siker.

Ugyanakkor csak nagyon kevesek tudnak boldogok lenni egészség és kellő mennyiségű pénz híján. A legtöbb ember csak konkrét dolgoknak tud örülni, boldogsága külső körülményektől függ, mivel nem arra szoktatta elméjét, hogy belülről lelje meg boldogságát. Azt képzeled, hogy csak akkor lehetsz boldog, ha tiéd lehet mindaz, aminek a birtoklását boldogságod előfeltételének véled. Csakhogy az egyik kívánság a másikat szüli, s igényeid folytonos megsokszorozása mellett soha nem lehetsz elégedett. Mielőtt megveszel valamit, úgy érzed, ki sem bírod nélküle, ám ha megszerezted, alig gondolsz vele, és máris jobb után kívánkozol. Bármilyen gyakran éled át ezt, mikor hatalmába kerít a szerzés vágya, ismét azt érzed, hogy okvetlenül a tiéd kell legyen, amit kiszemeltél magadnak, és nem lehetsz boldog nélküle. A siker alapja, ha elsajátítod a belső megelégedés művészetét: szerezd meg, amire szükséged van, aztán légy elégedett azzal, amid van.

NE ENGEDJ A KÍSÉRTÉSNEK,
NE NYÚJTÓZKODJ TOVÁBB,
MINT AMEDDIG A TAKARÓD ÉR

Egyesek megrögzötten és impulzívan csupa olyasmit vesznek meg, amire semmi szükségük, eltékozolva vagyonukat. Szokj hozzá, hogy bölcsen és meggondoltan vásárolj. Ha szert tettél valamennyi fölös pénzre, ne költsd el, ne hallgass a kisördögre, amely egyre azt súgja füledbe, hogy „muszáj" megszerezned valami új kütyüt, vagy holmi „garantált befektetésekre" áldoznod pénzedet. Valahányszor ékes szájú ajánlattal csalogatnak valamire, jusson eszedbe a róka és a holló meséje. Történt egyszer, hogy a holló ízletes nyalánkságot tartott a csőrében, amire a róka fölöttébb ácsingózott. Azt mondta ezért a ravaszdi koma: „Kérlek, énekelj nekem, Holló Úr, hisz olyan gyönyörű a hangod." A Holló bedőlt a hízelgésnek, és énekelni kezdett, ám amint kitátotta a csőrét, elejtette a nyalánkságot. A ravasz róka pedig felkapta, és elfutott vele.

Óvakodj mindenkitől, aki a lelkedre szeretne beszélni, mert biztos, hogy akar tőled valamit. Ne hagyd, hogy bárki levegyen a lábadról, és mesterkedéseivel rábeszéljen, hogy olyasmire vágyj, amire nincs szükséged a valódi boldogsághoz és sikerhez.

Élj egyszerűen, így nem függsz túl sok anyagi tényezőtől. Aki minden vágyát kielégíti, óhatatlanul is boldogtalan lesz. Az amerikai és indiai civilizációt összehasonlítva elmondhatom, hogy itt a haladás enyhítette a népemre jellemző nélkülözést és fizikai szenvedést. Mégis azt látom, hogy az itteni úgynevezett sikeremberek ugyanolyan nyomorultak a pénzükkel, mint India nincstelenjei.

A nyugati élet túl szövevényes, nem is jut idő semminek az élvezetére. Ugyanakkor életedet megvizsgálva rájössz majd, hogy számos módon egyszerűsítheted, anélkül, hogy hiányát éreznéd bárminek is. Ébredj rá, mekkora botorság esztelenül, részletre vásárolni újabb és újabb luxus-javakat. Takarékoskodj, úgy vedd meg, amire szükséged van, akkor nem kell a részletek magas kamatait nyögnöd. Természetesen dicséretes, ha kenyeret adsz azok kezébe, akik áruik jövedelméből élnek. Mégse engedj a kísértésnek, ne nyújtózkodj tovább, mint ameddig a takaród ér, mert ha egyszer igazándiból megszorulsz, mindenedet elvesztheted.

Tégy félre valamennyit minden bevételedből. Megtakarított pénz nélkül csak a sorsot kísérted. Tarts kisebb autót, lakj szerényebb hajlékban, de legyen pénzed a bankban szükséghelyzetekre, amelyek előbb vagy utóbb mindenképpen elkövetkeznek. Botorul cselekszel, ha mindenedet új és drága holmikra költöd el. Szerintem mind a férjnek, mind a feleségnek kell, hogy legyen valamennyi megtakarított pénzecskéje a bankban. Emellett közösen is tanácsos takarékoskodniuk, hogy legyen mihez nyúlniuk váratlan kiadások esetén.

A takarékoskodás valóságos művészet, ami áldozatokat követel. Ám ha mértékletesen és egyszerűen élsz, minden héten vagy hónapban félre tudsz tenni valamennyit. Sok alkalmazottat ismerek, akik szükségtelen holmikra költenek, és folyton úsznak az adósságban. Emlékszem egy párra, akiknek gyönyörű házuk volt Floridában. Valahányszor megláttak valamit, ami megtetszett nekik, megvásárolták részletre. Elkövetkezett azonban az idő, amikor ránézni sem tudtak erre a sok felhalmozott holmira. „Mindez nem a ti tulajdonotok – mondtam nekik. – Csupán kölcsönvettétek a részletfizetéssel. Miért féltek akkor az elvesztésétől? Miért nem éltek egyszerűbben e nélkül az állandó aggodalmaskodás nélkül, amely minden nyugalmatokat és örömötöket aláássa?" Akkora adósságba verték magukat, hogy a végén mindenüket elvesztették. Megint egyszerűen kellett élniük, és újrakezdeniük az életüket.

De élhetsz szerényen is, élvezheted az élet meganynyi gyönyörűségét, az aggodalom iszonyatos lelki terhe nélkül, hogy hogyan fizess mindennek a birtoklásáért. Számos vágyat lehet így is kielégíteni.

ELEMEZD VÁGYAIDAT, MIELŐTT A NYOMUKBA EREDNÉL

A teljesítésre érdemes kívánság olyan, mint egy táltos paripa, amely nem a sötétség völgyébe vezet, hanem Isten országába. Vedd szemügyre minden vágyadat, hozzájárul-e lelki gyarapodásodhoz és gazdagodásodhoz. Minden, ami elfele terel az anyag rabságától, és a valódi boldogság honába vezet, dicséretes, üdvözlendő kívánság. Bármely motiváció helyeslendő, ha Isten jelenlétének és megértésének bimbóját virágoztatja ki számodra. Mikor megbántanak és te megbocsátasz, közelebb kerülsz Isten birodalmához. Amikor civakodós emberrel hoz össze a sorsod, és te megértően viselkedsz, akkor Isten országa felé haladsz. Ha segédkezet nyújtasz a szenvedőknek, magához emel az Úr.

Az igazi siker helyénvaló kívánságok beteljesítését jelenti, ilyenkor nem mások rovására szerzel meg valamit. Az elítélendő eszközökkel megszerzett gazdagság talán sikernek látszik a külső szemlélő számára, ám belső nyughatatlansággal jár. Lelkiismereted olyan, akár egy szűk cipő, amely akármilyen szemrevaló, mégis szorít minden egyes lépésednél. Akinek a lelkiismerete tiszta, az az Úr előtt is kedves. Vigyázz, el ne ítéljen önnön lelkiismereted. Amennyiben jó lelkiismerettel állsz a világ elé, mondjon bárki bármit, kitörhetsz e sötétségből. Az anyagi javak hajszolóit nem érdekli, milyen eszközökkel jutnak sikerre. Bármit érnek is el azonban, ez nem igazi siker, mert soha nem válnak boldoggá. Ha sikerre vágysz, maradj tisztességes közben.

A valódi siker célkitűzései jótékonyan hatnak testi-lelki, szellemi egészségünkre. Mikor ilyen vagy olyan belső késztetést fedezel fel magadban, vizsgáld meg, valóban a javadat szolgálja-e. Tanulj meg különbséget tenni emezek és azok között, amelyek

ártanának neked. Használd az eszedet és józan ítélő-
képességedet ennek eldöntésében.

A SIKERES EMBERT KIVÉTELES
ÖNURALOM JELLEMZI

Az ártatlan örömökkel nincs semmi baj, azok azon-
ban, amelyek rongálják tested és lelked, elvetendők.
Nem helyeslendő semmi, ami rabságba ejt. Jólétünk és
tartós boldogságunk záloga, hogy urai vagyunk akara-
tunknak; hogy megtesszük, amit az adott körülmények
között ajánlatos megtennünk, ellenben teljesen elkerül-
jük, ami kárunkra lenne. A sikeres embert önuralom
jellemzi, nem szeszélyei és szokásai kormányozzák cse-
lekedeteit. Akkor vagy maradéktalanul önmagad ura,
ha azt eszed és akkor, amit és amikor egészséges, mást
és máskor viszont nem veszel magadhoz. Ha emberek
közé kívánkozol, teljes lélekkel velük töltöd az időd;
amikor azonban magányra van szükséged, egyedül
maradsz. Amennyiben bölcsen használod fel idődet a
jót szolgáló ténykedésekre, értékes leszel te magad, és
életed is mint önmagad kiterjesztése. Világi életet élő
ismerőseid ezenközben ki szeretnék zsákmányolni idő-
det, és lehúzni téged a maguk szintjére. Miért elégednél
meg azonban e céltalansággal? Használd inkább idődet

önvizsgálatra és belső fejlődésedre, kreatív gondolatok-
ra és mélyenszántó elmélkedésre, így szerzel hatalmat
önmagad fölött.

Ha környezeted állandóan zavarja nyugalmadat,
vagy otthoni feszültségek elől menekülnél, menj el egy
békés helyre, és maradj ott egy ideig. Hallgasd a termé-
szet csillapító neszeit, és figyelj a benned élő Istenre.
Minden boldogság, amit keresel magadban van, az Úr
benned lakozó képmásában. Miért keresnél olcsó bol-
dogságpótlékokat az italban, a mozizásban és az érzéki
örömökben? Ez a világi élet útja. Az igazi boldogság-
nak nincs szüksége ilyen mankókra. Egy költő bölcs
szavaival: „Nincs semmim, mégis minden az enyém."

SZELLEMEDET NE IGÁZZA LE
SEMMIFÉLE NEHÉZSÉG ÉS MEGPRÓBÁLTATÁS

Megtanulhatod tudatosan irányítani boldogságo-
dat, és kitartani e belső derű mellett bármi ellenében.
Egyesek teljesen összeroppannak a megpróbáltatásaik
súlya alatt, mások azonban viszontagságaik közepette
is mosolyognak. Az igazi sikert az életben azok testesí-
tik meg, akik szellemét nem igázzák le a külső körül-
mények. A valódi boldogság az, ha arra edzed elmé-
det, hogy jóban és rosszban egyaránt elégedett maradj,

s ha minden hányattatás ellenére megőrzöd lelked nyugalmát. Tegyük fel, hogy szörnyű betegségben szenvedsz. Mikor álomba merülsz, a betegség eltűnik. Határozd el magadban, hogy felülemelkedsz mindezen, és csak azért is boldog maradsz. Jézus annyira ura volt önnön akaratának, hogy tudatosan felvállalta a keresztre feszítést, mi több, a halál után testében is feltámadott. Lehet-e ennél nagyobb siker? A Megváltó feltétel nélküli boldogsága Istenben az a fajta siker, amelyre mindenkinek törekednie kellene. Ehhez azonban tökéletesen uralnod kell önmagadat; ilyenkor életed tenmagad, a lelked, teljes irányítása alatt áll.

Mondd magadnak: „Én vagyok a főnök. Ma vagyok boldog, nem holnap… amikor minden feltételhez kötött kívánságom teljesül." Amint tudatosan boldogságra utasítod magadat, Isten is veled marad, hisz Ő minden örömök forrása és kútfeje. Nem ismered az elme erejét, amely, ha boldog vagy, pozitív rezgéseivel pénzt, egészséget és barátokat vonz magához – mindent, amire szükséged van. Ezzel szemben negatív hozzáállás esetén, mikor nem vagy boldog, megbénítja akaratodat. Bármiben akkor érhetsz el sikert, ha erős, szilárd, elégedett akarattal vonzod magadhoz, amire szükséged van.

Vizsgáld meg, sikeresnek tekintheted-e magad. Amennyiben tartósan depressziós vagy, akkor nem vitted életedet sikerre. Nem teljesülnek gyermekkorod óta melengetett vágyálmaid, s lehangolt elméd mindent haszontalannak talál. Éleszd újra magadban értékes céljaidat megacélozott akarattal.

A SIKERHEZ TEREMTŐERŐDET IS CSATASORBA KELL ÁLLÍTANOD, ÍGY ÉRHETED EL CÉLJAIDAT

A sikert nem az anyagi javak halmozása méri, hanem az, hogy akaratoddal elő tudod-e teremteni, amire szükséged van. Gondolj erre az erőre, amely a szupertudatos elméből, a lélek mindenhatóságából származik. Ha kreativitásodat átitatja ez az erő, bármely nehézséget legyőzhetsz, ami keresztezné utadat.

Tegyük fel, autóra van szükséged, és megvannak a megfelelő (becsületes) eszközeid a megszerzésére. Ez sikernek könyvelhető el. Amennyiben házra lenne igényed, és meg tudod szerezni, ez is siker. Mikoron életed társára vágysz, és Istenhez imádkozol, hogy hozza eléd, és ez megvalósul, ugyancsak siker. Hanem hogyan tehetsz szert akkora hatalomra, amely akaratod erejénél fogva beteljesíti ezeket a kívánságokat? Hogyan tudod úgy irányítani a körülményeket, hogy sikert eredményezzenek, ahelyett, hogy megmaradnál az okok és okozatok általad kreált rabságában? Csupán nagyon kevesek rendelkeznek akkora elszántsággal és akaraterővel, hogy saját sorsuk urai legyenek.

Gondold át, mire van szükséged. Imádkozz buzgón Istenhez, hogy rendelkezz annyi kreatív erővel és kitartással, ami mindezt előteremti körülötted. Ne feledd, hogy az ember semmit sem alkotott, csupán felfedezte az Isten által megteremtett ideákat, amelyek azután manifesztálódtak a gondolatok ok-okozati világában, melyből a menny és föld minden létezője születik. A siker titka tehát az, hogy minél jobban ráhangolódj Istenre.

HÁROMFAJTA TEREMTŐERŐ: A TUDATOS, TUDATALATTI ÉS A SZUPERTUDATOS ELME

Teremtőd háromfajta hatalmas erőt adott a kezedbe: a tudatos, a tudatalatti és a szupertudatos elmét. Leginkább a tudatos elmét használod, melyet érzékleteiden és következtetéseiden keresztül működtetsz. A másik két elmetartományról keveset tudsz, amiként arról sem, mire képesek.

A tudatos erőfeszítésekre hatással van a környezet. Egy közösségben valaki sikeres üzleti eredményeket ér el, mire mások is hirtelen felfedezik az adott ágazatban rejlő lehetőségeket. Egyesek kudarcot vallanak a riválisok közül. Minden józan ítélőképességedet latba kell vetned, amikor felméred a környezet lehetséges befolyását, melyet tevékenységi területedre fejt ki. Az elsietett, átgondolatlan döntések biztos kudarcot jelentenek, és szégyent hoznak a tudatos elme segítőkészségére.

Ugyanakkor mindig lehetőség van a sikerre. Szoktasd arra tudatos elmédet, hogy felfigyeljen a lehetőségekre, és felismerve a megnyíló kis ösvényeket megragadja azokat az esélyeket, amelyek közelebb visznek célod eléréséhez.

Becsületes törekvéseid során használd tudatos elmédet a siker eléréséhez. Az elme ezen része oly sok képességgel rendelkezik: okfejtéssel, józan ítélőképességgel, alkotó gondolkodással, akaraterővel, koncentrációval. Teljes tudatossággal kutasd lehetőségeidet, aztán figyelmed összpontosításával vesd magad feladatod végrehajtásába. Először fedezd fel önnön képességeidet, majd láss munkához. Ha valami érdekel, járj utána: a siker magvait legjobban a lelkes érdeklődés táplálja.

Ne hagyd, hogy a negatív befolyások letérítsenek

utadról. A tudatos elme könnyen elbátortalanodik a környezet és az emberek sugalmazásai révén kiszabott korlátoktól. Kezdetben a családom haszontalannak ítélt, mert nem hajtottam a világ javai után. De én ellenálltam lekicsinylő bánásmóduknak. Amint megengeded, hogy a külső feltételek és vészjósló emberek határt szabjanak neked, kreativitásod és sikerre törő akaratod lebénul. Ez a folyamat jellemző azokra, akik kudarcot vallottak az életben.

A TUDATALATTI
ELMETARTOMÁNY FELHASZNÁLÁSA

Sorsod alakításához a következő eszköz a tudatalatti, amely a tudatos elmeműködés mögött megbúvó tartomány. Ez tárolja az emlékeket, és ez tartja fent a szokásokat. Ez valamennyi tapasztalatod tárháza; gondolataid és tetteid itt szilárdulnak ismétlődő cselekvési mintákká. Mindaz, amit tudatos figyelemmel végzel, bevésődik tudatalattidba. Amennyiben csődtömegként könyveled el magadat, ez a meggyőződés ülepedik le a tudatalatti elmében, eleve kudarcra ítélve, amibe belefogsz. Ez a sikertelenség legfőbb oka. Akármilyenek is életkörülményeid, vagy akármi erőfeszítéseid kimenetele, nincs jogod a kudarcot előrevetíteni, és ezzel hipnotizálni elmédet.

Bármit szeretnél elérni, higgyél a sikerében, buzdítsd erre magad, még ha a tények ennek az ellenkezőjéről is vallanak. Alkosd meg tudatalattidban a siker előképét, és tégy a megvalósulásáért. Ülj le és gondolkodj elmélyülten az adott célról, és koncentrálj arra, miként érhetnéd el. Miután megnyugodtál és elcsitultak nyughatatlan, „én erre úgysem vagyok képes" jellegű gondolataid, a tudatalattidba beférkőző újfajta meggyőződés segítségedre lesz a továbbiakban. Ahogy az adott problémát végiggondolva egyre mélyebbre hatolsz elmédben, túllépsz a tudat által kiszabott korlátokon, s a tudatos észérvek mellé a tudatalatti értékes emlékképeit és képzeletgazdag teremtőerejét is fel tudod majd sorakoztatni.

A MINDENTUDÓ SZUPERTUDATOS ELME

A tudatalatti elmetartomány mögött a szupertudatos elme birodalma található, amely Isten korlátlan hatalmát rejti. Ez az elmerész nem fogadja be a kudarcot, viszont a balsiker felvetése elhomályosíthatja. A szupertudatos elme a lélek a mindentudó, mindenre ráérző tudatát tartalmazza. Mély koncentrációval és a lélekkel kapcsolatot teremtő meditációval érintkezhetsz vele.

Történjék bármi, emlékeztesd magad: „Hatalmamban áll a siker. És bár tudatos elmémet a környezet tartja hatása alatt, az Úr korlátlan hatalmat adott nekem a szupertudatos és tudatalatti elmetartományok révén. Amennyiben megtanulom kormányozni őket, sorsom ura lehetek." Életed akkor fordul roszszra, ha nem veted be a tudatos elme erőit, vagy ha tudatalattidba rossz szokások vésődnek. Soha ne add fel, hisz ez a kudarc elismerése; amikor kudarcra bélyegzed magad. Amennyiben tudatod azt mondja: „Nem vagyok erre képes", ez a gondolat bevésődik a tudatalattiba, és minél többször gondolkodsz így, annál mélyebben rögzül a sikertelenség képe tudatalattid tárházába. Eztán már keresztet is vethetsz magadra, hacsak nem próbálkozol újra tudatos erőfeszítéssel, hogy megszabadulj a kudarcos gondolkozástól, s szilárd akarattal és magabiztosan megfelelő lépéseket nem teszel a pozitív gondolkodás és tettek felé.

Ha ellenben azt gondolod, „sikerülhet, amibe belekezdtem", érezd át ezt a gondolatot olyan mélyen, hogy a sikertelenségnek még az árnyékát is elűzze elmédből. Ha kilencszer kudarcot vallasz, próbálkozz újra tizedszer! Ne add fel, sose fogadd el a balsikert.

Az intuíció gyakorlati alkalmazása

Kezdd minden vállalkozásodat azzal, hogy kikéred hozzá Isten segítségét: „Uram, megteszek minden tőlem telhetőt, de kérlek, vezérelj a helyes útra, és tégy róla, hogy ne hibázzam." Aztán értelmed és logikád bevetésével jelöld ki a célodhoz vezető utat. Minden egyes lépésnél imádkozz az Úrhoz útmutatásért. Érezd, hogy belső csöndedből az ő biztatása szól. Én is így teszek. Miután sorra vettem tudatos elmém érveit, intuíciómhoz, valamint a tudatalatti és a szupertudat erőihez fordulok; s ekkor látom amint a kreatív, teremtő isteni fény hozzám jön és irányít, hibátlanul.

Mikor anyagi eszközökkel célozzuk meg a sikert, ez mindig bizonytalansággal jár. Az intuició hozta siker azonban másként működik. Az intuitív ráérzések nem tévednek. Ilyenkor belső érzékenységünket vetjük latba, amely előre megmondja, sikerre vagy kudarcra számíthatunk-e az adott csapásirányt követve.

Megesik, hogy az érzékek és az észérvek mást mondanak, mint az intuíció. Vizsgáld először felül a tényeket, tudj meg mindent arról, milyen gyakorlati lépések szükségesek céljaid eléréséhez. Akár a pénzed fekteted be, akár új vállalkozásba fogsz, akár

állást változtatsz, akkor se siesd el döntésedet, miu-
tán minden lehetséges észérvet felsorakoztattál mel-
lette és ellene. Meditálj és imádkozz Istenhez.
Kérdezd meg Őt belső csöndedben, jól teszed-e, ha
az adott irányba indulsz. Amennyiben az elmélyült és
őszinte ima során azt tapasztalod, hogy valami eltán-
torít, hagyj fel szándékaiddal. Ha ellenben ellenállha-
tatlan pozitív erő sarkall a cselekvésre, és folytonos,
buzgó imádságod során kitart ösztönzésed, valósítsd
meg, amit elgondoltál. Imáid során őszintén kell
útmutatásra várnod, hogy amennyiben bármiféle
visszajelzés érkezik, az Istentől származzon, és ne
önnön elfogult vágyadat tükrözze vissza.

Én így használom fel a gyakorlatban megérzései-
met. Mielőtt bármibe fognék, csöndes meditációba
kezdek a szobámban, igyekezve kitágítani elmém
hatósugarát. Aztán elmém koncentrált fényé az adott
vállalkozásra irányítom. Hiszek gondolataim erejé-
ben, és abban, hogy amit ebben az állapotban érzéke-
lek, az meg is valósul.

Végső soron elménk a leghathatósabb rádióadó- és
vevő állomás. A hús elhanyagolható akadály mindebben.
Gondolataink ellenállhatatlan teremtőerővel terjednek
szét az éterben, készen arra, hogy célt érjenek.

Kellőképpen koncentrálva és tudatosan irányítva őket ez sikerül is. A legtöbben mégsem tudják, hogyan állítsák szolgálatukba gondolataikat. Elméjük tele van statikus zavarokkal. A koncentráció és meditáció segít a gondolatok behangolásában, és a sikerre fókuszálja őket.

SEGÍTS MÁSOKNAK,
HOGY SEGÍTHESSENEK MAGUKON.
EZZEL SAJÁT SIKERED ESÉLYEIT IS MEGNÖVELED

Az önzés útjában áll a sikernek. Lelked egyetemes tudatát kell kifejezésre jutattnod, és nem korlátoznod magad testedre, kezed és agyad szűkösségére. Hathatsz olyan széles körben is, hogy jóságodat kezek és agyak ezrei sokszorozzák meg. Meglehet, semmi másra nem gondolsz, csak saját kis testedre, arra, hogyan etesd, ruházd, és miként helyezd kényelembe. Én ellenben abban gondolkodom, hogyan lehetne javítani ezer és ezer lélek helyzetén; hogyan adhatnám át az embereknek önnön erejük tudatát; hogyan tehetném őket bölcsebbé. Olyan örömet jelent ez nekem, amit szavakkal ki se lehet fejezni.

Másoknak segítve, hogy önmagukon segíthessenek olyan sikert értem el, aminek senki nem árthat. Remek szórakozás Istenért dolgozni. Önmagamért nem törekszem semmire, arra azonban annál inkább, hogy Istent mindenkivel megoszthassam. Soha nem juthatsz igazi sikerre, csak ha vágyaid egy részét feláldozod másokért. Nagyobb esélyed van a sikerre, ha nem csak magadra gondolsz, hanem arra is, hogy erőfeszítéseid kiterjednek mások jólétére.

Mindenekelőtt azonban Istenre gondolj, és kérd ki az Ő útmutatását. Sokkal nehezebben építettem volna ki ezt a közösséget, ha nem kapok belső irányítást Istentől, mivel aki csak csatlakozott hozzánk, egytől egyig a maga akaratát szerette volna megvalósítani. Szervezetünk sikeres lesz, mert követem Isten útját. A Sátán mindent megtesz, hogy akadályozza a jó munkálkodását, Isten azonban megmutatja, hogyan győzhetünk minden gonoszságon.

A VÉGSŐ SIKER:
SZÜNTELENÜL ISTENNEL LENNI

Életünk értelme, hogy megértsük az univerzum fennállásának okát. A mindenség nem más, mint Isten álma. Nem több, mint egy drámákkal és vígjátékokkal teli mozifilm; egyszer véget ér és feledésbe merül. Az élet is ilyen. Valóságosnak és állandónak tűnik, de hamar elmúlik. Mi is elfeledjük megannyi gondunkat és küszködésünket, miután elhagyjuk ezt a világot egy jobbért, a másvilági létért. Ne vedd hát túl komolyan a földi életet. Lásd meg az Univerzum Mesterét a dráma mögött; Ő az, aki az álom-színjáték szerzője.

Sokan úgy tartják, hogy soha nem tudnának ráébredni Istenre. Ezt az ódzkodást a legnehezebb legyőzni. Ha azonban buzgón imádkozol, tántoríthatatlan szeretettel, nem törődve azzal, hányszor nem felel az Úr, végül siker koronázza kitartó erőfeszítéseidet. Akár korokon keresztül is próbálkozhatsz, hisz mi ez a közelében töltött örökkévalósághoz képest. Ha folyamatosan kiöntöd szívedet az Úr előtt, követelve, hogy megjelenítse magát neked, végül választ kapsz Tőle.

Ne fecséreld az időd. Az igazi siker záloga, ha egyfolytában Istennel vagy. Őt keresd mindenekelőtt. Ne tétlenkedj, a renyheség nem boldogság. Légy Istennel éjszaka, majd reggel felébredve állj készen a napi küzdelmekre, az Úrral az oldaladon. Immáron a hit is támaszodra lesz a sikerhez vezető úton. Mondd ezt: „Gyere, világ, készen állok a harcra!" Ahogy ura leszel sorsodnak, bilincseid is egyenként lehullanak. Ekkor tudni fogod, hogy többé nem számkivetett földönfutó vagy, elűzött tékozló fiú, mivel Isten gyermekeként visszakövetelted jussodat.

Az egyedüli ok, amiért most itt vagyok veled, hogy beszámoljak arról, mit adott nekem az Úr. A Legfőbb Hatalomra rálelve minden vágyam, minden, amire szomjaztam egyszer és mindenkorra csillapult. Ne késlekedj hát, kövesd e tanításokat, hogy te is átéld a csodálatos élményeket, melyekben részem volt utam során. E tanok gyakorlása nem csupán tökéletes testi-lelki harmóniával ajándékozott meg, de leírhatatlan elégedettséggel, boldogsággal és az Ő állandó útmutatásaival is. Te is érezni fogod az Ő jelenlétét a simogató szellőben, látni fogod folyvást megújuló, felbuzgó örömét a hullámzó óceánban, és Ő melenget majd a napsütésben is. Alátekint rád az mennyboltról, s valamennyi égitest – a Nap, a Hold és a csillagok – ablakot nyitnak majd az Ő jelenlétére. Mindenütt jelenvaló, s mindenünnen rád tekint jóságos, szerető szemmel.

Reggelente, amikor elkezded a napodat, ne csupán önnön érdekeiddel gondolj, de azzal is, hogy hány embertársadnak tudnál még a segítségére lenni… Ha ugyanolyan fontosnak tartod az igazságot, mint én, gondold el, mekkora lesz hatalmunk, mellyel kiűzhetjük a világból a tudatlanságot. Az Atya emlékezni fog mindenre, amit mások megsegítésére cselekszel ezen a spirituális úton.

ÉREZD A TÉGED ÁTHATÓ SZELLEM EREJÉT

Most pedig csukd be a szemed, és koncentráld figyelmedet bensődre. Érezz nagy békét önmagadban. Érezd ezt a békét mindenütt magad körül. Érezd a Szellem erejét amint áthalad elméd csöndes kapuzatán, érezd magadban az Atya nyugodalmas sugárzását. Ő rejtőzik minden gondolatodban, minden sejtedben és porcikádban. Érezd Őt.

Imádkozzunk együtt: „Mennyei Atyám, többé nem szorongat a 'nem vagyok rá képes' tudata. A Te hatalmas, mindent szétrobbantó erőd lakozik bennem, amely arra ösztökél, hogy igenis meg tudom csinálni, amire elszánom magam. Áldj meg Uram, hogy kifejleszthessem magamban ezt az erőt, ledönthessem valamennyi korlátomat; hogy létem szűk határain túl terjesszem ki felségterületemet, mígnem végül legyőzöm a Föld és a mindenség erőit azáltal, hogy egy vagyok Veled."

MÁSODIK RÉSZ

Hogyan találhatod meg a győzelem felé vezető utat?*

❖

Földünket, amely egykoron hatalmasnak tetszett, mostanra atomokból álló parányi golyóbisnak látom, amely a térben forog tengelye körül, miközben napsugarak melengetik és gázködök gomolyognak körülötte. Nem több tehát kicsiny agyaggömbnél, amelyen különböző életformák fejlődtek ki. Mindent betölt Isten szava, a Szellem szava, ami a Végtelen megnyilvánulása.† A katasztrófák

---

* Az 1936. február 16-án elhangzott előadás kivonata. A teljes anyag megtalálható a *The Divine Romance* című kiadványban, melyet a Self-Realization Fellowship jelentetett meg (Paramahansza Jógánanda: *Collected Talks and Essays*, Volume II.)

† A Kozmikus Intelligens Vibrációt, amely a teremtés alapja és éltetője,

és csapások, amelyek e szűk gömbön felütik a fejüket, az emberi önzés rovására írandók. Az ember ugyanis ellensége embertársainak, csakúgy, mint a benne magában, valamint a teremtés egészében lakozó Szellemnek. Mivel pedig az emberiség nem tanult ezekből a katasztrófákból, Földünk továbbra is megszenvedi a pusztító viharokat, földrengéseket, áradásokat, járványokat, és ami ennél is rosszabb, a háborúk gomolygó füstjét.

Holott van mód, hogy felül kerekedjünk e földi világon, a természeten és az életen a maga nélkülözésével, betegségeivel, háborúival és más bajaival. Meg kell ismernünk a győzelemnek ezt a módját... A világban közben tovább folyik a lét vad drámája. Mialatt megpróbáljuk megfékezni a dühöngő viharokat, alig látszunk többnek az óceánban úszó parányi hangyáknál. De ne becsüljük alá erőnket. Az igazi győzelem önmagunk legyőzése, ahogyan azt Jézus Krisztus is megtette. Önmaga fölött aratott győzelmének köszönhető, hogy a természet egésze engedelmeskedett neki.

---

*Aum*ként vagy Ámenként is szokás emlegetni. A Védák *Aum*jából lett a tibeti *Hum*, a muszlim *Amin*, végül az egyiptomi, görög, római, zsidó és keresztény Ámen. „Kezdetben vala az Ige, és az Ige vala az Istennél, és Isten vala az Ige. Ez kezdetben az Istennél vala. Minden őáltala lett, és nála nélkül semmi sem lett, ami lett" – mondja János evangéliuma is (Ján 1,1-3).

A tudomány másféle módon igyekszik kezessé tenni a természetet és az életet. Csakhogy a tudományos felfedezések többnyire nem váltják be kezdeti ígéreteiket, eredményeik nem maradandóak. Jótékony hatásuk csupán rövid időre érezhető, aztán valami ennél is rosszabb következik, hogy az ember boldogságát és jólétét veszélyeztesse. Teljes győzelemre nem számíthatunk kizárólag a tudomány módszereinek alkalmazásával, mivel ezek az eszközök a külsőségekre irányulnak, azaz az okozatokra és nem a finom, észrevétlen kiváltó okokra. Az élet a csapások ellenére is megy tovább, miközben a tudomány újabb és újabb győzelmeket arat. A teljes, maradéktalan győzelemhez azonban egyedül a spirituális tudomány vezethet el.

AZ ELMÉNEK NEM SZABAD
VERESÉGET SZENVEDNIE

A spirituális tudomány mindennél előbbre valónak tekinti az elme hozzáállását. A józan ész is azt kívánja, hogy a túlzott meleget természetesen lehűtött levegővel győzzük le, a mértéktelen hideget pedig mesterségesen létrehozott meleggel. Mialatt azonban külső eszközökkel igyekszel úrrá lenni a kényelmetlenségeken, szoktasd rá az elméd, hogy semlegesen fogadjon minden külső állapotot. Az elme olyan, mint az itatóspapír, amely nyomban felveszi annak a festéknek a színét, amelyet rácsöpögtetünk. A legtöbb elme környezete színeihez idomul. Ugyanakkor nincs bocsánat arra, hogy az elmét legyőzzék a külső körülmények. Akinek lelki hozzáállása folytonosan változik megpróbáltatásai közepette, az vesztésre áll az élet csatájában. Ez következik be, ha valaki jó egészségben és éles ésszel lép ki az életbe, hogy megkeresse kenyerét, ám már az első kudarc elbátortalanítja. Akkor válsz sikertelenné, ha *beletörődsz* a sikertelenségbe. Nem az a vesztes, aki testi fogyatékos vagy beteg, nem is az, aki állhatatosan újra próbálkozik a nehézségek ellenére, hanem az, aki testileg-lelkileg tunya. Aki nem használja az eszét vagy a józan ítélőképességét, akaratát és teremtő energiáit, az voltaképpen halott.

Tanuld ki a győzelem lélektanát, és fordítsd javadra. Egyesek azt tanácsolják, hogy már a kudarcról való beszédet is kerüljük. Ez azonban egymagában nem elégséges. Mindenekelőtt elemezd a sikertelenséged és annak okait, tanulj ebből a tapasztalatból, és csak azután száműzd a vele foglalkozó gondolatokat. Az az igazi győztes, aki, akárhányszor bukjon is el, nem adja fel a küzdelmet, és nem roppan össze lelkében. A világ talán balszerencsés vesztesnek véli, ám ha nem adja fel belül a harcot, nem szenvedett vereséget Isten szemében. Erre az igazságra a Szentlélekkel való kapcsolatom vezetett rá.

Folyvást másokkal hasonlítgatod össze magadat. Belebetegszel az irigységbe, mikor náladnál eszesebb vagy sikeresebb emberrel kerülsz szembe. Ilyen az emberi természet paradoxona. Ne keseregj sorsod felett. Abban a pillanatban, amint elirigyled a másét, vereségre ítélted önmagad. Ha ismernéd mások gondolatait, semmi szín alatt nem cserélnél velük!

Senkire nem szabad irigykednünk, ám ha irigyeink akadnak, hát lelkük rajta. Egyediek vagyunk. Légy büszke arra, ami vagy és amid van. Senkinek nem olyan az egyénisége, mint a tiéd. Senkinek nincs olyan arca, mint amivel te rendelkezel. Senkinek sem olyan a lelke, amilyen neked. Isten egyedi teremtménye vagy. Mennyire büszkének kellene lenned erre!

HIBÁS GONDOLATOK ELTÁVOLÍTÁSA
A JÓGA TUDOMÁNY SEGÍTSÉGÉVEL

A gonoszság tagadása ellene mond a valóságnak. Nem kerülhetjük el úgy a rosszat, hogy nem veszünk tudomást róla. Mi hát a gonoszság? Minden, ami meggátolja, hogy ráébredjünk Istenre. Ő az összes helytelen gondolatunkról és cselekedetünkről, valamennyi bajunkról tud. Fölöttébb tudatlan Isten lenne, ha nem venné figyelembe a gonosz létezését! Eszerint jó és rossz, pozitív és negatív egyaránt létezik világunkban. Sokan mértéktelenül félnek a negatív gondolatoktól, miközben megpróbálják makulátlanul tisztának megőrizni gondolkodásukat. Hasztalan tagadni a helytelen gondolatok létezését, de félni sem kell tőlük. Használd józan ítélőképességedet a negatív gondolatok felismerésére, aztán gyomláld ki őket tudatodból.

Amikor egy negatív gondolat már megmérgezte az egót,‡ akkor rendkívül nehéz megszabadulni tőle. Egy ízben valaki megpróbálta kiűzni a gonosz szellemet egy asszonyból. Mustármaggal hajigálta meg, mert akkoriban úgy tudták, hogy az kiűzi a démont. A gonosz lélek azonban csak nevetett: „Belebújtam a mustármagba, mielőtt elhajítottad, ezért nincs rám semmiféle hatással." Hasonlóképpen, midőn a negatív gondolatok mérge már átitatta elmédet, az

‡ Az emberi tudat, amely a testtel és ezáltal a halandóság korlátaival azonosította önmagát. A lélek isteni tudata ellenben Istenhez hasonul, így nem hat rá semmiféle negatív befolyás.

teljesen elerőtlenedik. A negatív gondolatokban rejlő gonoszság beszivárog szellemi erőd „mustármagjába". Ezért, ha egy hónapja betegeskedsz, most azt hiszed, hogy ez a betegség örökre szól. Hogyan lehetséges, hogy egyhavi betegség feledteti évek viruló egészségét, amiben szintén részed volt? Az effajta okoskodás velejéig elhibázott.

A mélyenszántó gondolkodású metafizikusok ezzel szemben alászállnak a lélek mélységeibe, és annak isteni hatalmánál fogva irtanak ki minden gonoszságot az életükből. Ez a jóga útja, amely minden akadályt elhárít az Istennel való egyesülés elől; nem légből kapott, hanem tudományos módszerekkel. A jóga az Istenhez vezető legmagasabb rendű út. A jóga segítségével magad mögött hagyhatsz minden negatív gondolatot, és megtapasztalhatod a tudat legvégső állapotait. A jóga a spirituális tudás ösvénye. Vegytiszta, tökéletes tudomány. Arra tanít, hogy nézz szembe becsületesen önmagaddal, ismerd meg magadat, majd lelked minden erejével pusztítsd el a benned élő rosszat. Tagadással nem tudnád elűzni a gonoszt. Történjék bármi, a spirituális tudóst soha nem tántorítja el. Tudja, nem létezik olyan szörnyűséges baj, amely erőt vehet Istentől kapott hatalmán.

ELEMEZD MAGAD ŐSZINTÉN,
ÍGY LEHETSZ JOBBÁ

Tanuld meg kielemezni magadat, pozitív és negatív tulajdonságaidat. Hogy lettél azzá, ami most vagy? Melyek jó és rossz tulajdonságaid, és miként tettél szert rájuk? Eztán láss neki, hogy elpusztítsd a rossz termést. Gyomláld ki a rossz szokások konkolyát lelkedből, s vesd el spirituális jellemvonások magvait a bő aratás érdekében. Miközben felismered gyarlóságaidat, és tudományos alapokra helyezkedve megszabadulsz tőlük, egyre erősebb leszel. Ne engedd ezért, hogy elbátortalanítsanak gyengeségeid; ha így tennél, elismernéd, hogy kudarcot vallottál. Segíts magadon építő önelemzéssel. Akik nem használják elméjük józan ítélőképességét, azok vakon tévelyegnek, mert tudatlanságuk elhomályosítja a lélek vele született bölcsességét. Ezért szenvednek olyan sokan.

Isten hatalmat adott a kezünkbe, hogy megszabaduljunk tudatlanságunktól és újra felfedezzük öröklött bölcsességünket, ugyanúgy, ahogyan azt is Neki köszönhetjük, hogy szemhéjunkat kinyitva látjuk a napvilágot. Nézz magadba minden éjjel, vezess naplót lelki történéseidről. Napközben is csöndesedj el időnként egy percre, s elemezd ki, mit teszel és gondolsz éppen. Aki nem elemzi magát, soha nem fog megváltozni. Nem lesz sem nagyobb, sem kisebb, hanem egy helyben topog. Veszedelmes létállapot ez. Ha hagyod, hogy a körülmények erőt vegyenek józan ítélőképességeden, nem tudsz továbblépni. Túl könnyű elfeledkezni Isten országáról és hiábavalóságokra fecsérelni az időt. Kicsinyes apróságokon rágódva nem lesz időd Vele foglalkozni. Mikor estéről estére magadba nézel, ügyelj arra, nehogy kátyúba kerülj. Nem azért születtél e világra, hogy elvessz benne, hanem hogy megleld valódi Éned. Isten katonájaként érkeztél, hogy győzedelmeskedj az élet felett. Az Ő gyermeke vagy. Nincs nagyobb bűn, mint elfeledkezni legmagasztosabb kötelességedről, vagy félretolni azt: hogy győzz kis éned felett, és elnyerd méltó helyed Isten királyságában.

AZ ÉN LEGYŐZÉSE A
LEGNAGYOBB GYŐZELEM

Minél több baj nyűgöz le, annál nagyobb az esélyed, hogy megmutasd az Úrnak, lelkedben egy Napóleon vagy Dzsingisz Kán vagy, ahogy saját magadon felülkerekedsz. Annyi tökéletlenségünkön kell úrrá lennünk! Az győz igazán, aki önmaga fölött győzedelmeskedik. Törekedj arra, amit én is művelek: folyamatosan legyőzöm magamat. E belső győzelemben az egész világ parancsomra vár. Az elemek, amelyek oly titokzatosak, a szent iratok, amelyek telve vannak ellentmondással – mindezt megvilágítja Isten tiszta fénye. Ebben a Fényben minden érthető és irányítható lesz. Egyedül azért küldettél ide, hogy szert tegyél Isten bölcsességére. Ha bármi mást keresel ehelyett, csak önmagadat bünteted. Találd meg Énedet, találd meg Istent. Akármit kíván tőled az élet, teljesítsd lehetőségeidhez képest. Tanulj meg legyőzni minden akadályt ítélőképességed latba vetésével és helyénvaló cselekedetekkel; így teszel szert uralomra önmagad fölött.

Amíg egyfolytában azt firtatod, győzöl vagy vesztesz-e az élet csatájában, biztos lesz a vereséged. Ám ha eláraszt a benned élő Isten felett érzett mámoros öröm, derűsebb és egyúttal szerényebb leszel. Ne hátrálj meg, de ne is toporogj egy helyben. Az emberek többsége vagy tétlenül vesztegel, vagy örökös huzavonába bocsátkozik jó és rossz tulajdonságaival. Vajon melyik fog győzni? A kísértés a Sátán suttogása elmédben. Az ördög szüntelenül igyekszik elrontani a dolgaidat. A gyengeség önmagában nem bűn, ám ha feladod az erőfeszítést, hogy legyűrd, elvesztél. Addig, amíg újra próbálkozol, amíg összeszeded magad egy-egy bukás után, sikeresnek mondhatod magad. Nem maga a győzelem ad örömet, hanem az a megelégedés és az erőnek az a tudata, amely a gyengeségek legyőzéséből fakad.

Tanulmányozd a szentek életét. Ami könnyű, az nem Isten útja. Az Ő útján nehéz járni! Szent Ferencnek több gondja volt, mint hinnéd, mégsem adta fel. Egyenként, elméje erejénél fogva győzte le az akadályokat, és vált eggyé a Mindenség Urával. Miért ne lenne benned is ekkora elszántság? Gyakorta gondolom, hogy a legnagyobb bűn az életben a kudarc beismerése, mert ha így teszel, ezzel megtagadod lelked – Isten benned élő képmása – földöntúli hatalmát. Soha ne add fel.

Olyan foglalatosságokat űzz, amelyek révén önuralomra tehetsz szert. Az igazi győzelem az, ha jót célzó elhatározásaidat minden nehézség ellenére véghez tudod vinni. Ne engedd, hogy bármi megtörje elhatározásodat. A legtöbben így okoskodnak: „Hagyjuk ezt ma, holnap majd újra megpróbálom." Ne csapd be önmagadat. Ez a fajta gondolkodás nem vezet győzelemre. Akkor jutsz sikerre, ha nem szűnsz meg próbálkozni azzal, amire elszántad magadat. Ávilai Szent Teréz mondotta: „A szentek olyan bűnösök, akik sosem adták fel." Akik soha nem törnek meg, végül elérik céljukat.

LÉGY BIZTOS BELÜLRŐL FAKADÓ JÓSÁGODBAN

Egy napon te is eltávozol a világból. Lesznek majd, akik megsiratnak, mások talán ellened beszélnek. Ne feledd azonban, hogy összes rossz és jó gondolatod tovább halad veled. Fontos kötelességed ezért, hogy figyeld önmagadat, javítsd ki hibáidat, és tedd meg, ami tőled telik. Ne törődj azzal, amit esetleg mások mondanak vagy tesznek ellened, mindez mit sem számít, amíg őszintén jóra törekszel. Ami engem illet, soha nem próbálok vitába szállni senkivel, mivel tudom a szívem mélyén, hogy igyekeztem tőlem telhetően emberségesen viselkedni. Ugyanakkor nem számít az emberek véleménye, legyen az dicséret vagy elmarasztalás. Isten velem van, én pedig Ővele.

Nem dicsekvésnek szánom, de megtapasztaltam azt a csodálatos örömet, ami a lélek azon bizonyosságával jár, hogy engem senki nem késztethet bosszúra. Inkább magamat ütöm pofon, semhogy bárkinek

ártsak. Amennyiben te is megpróbálsz kedves marad-
ni, akkor is, amikor felbosszantanak, győztesnek
mondhatod magad. Gondolkodj el ezen. Amikor elle-
ned törnek, de te nyugodt maradsz és mentes a féle-
lemtől, akkor tudd, hogy győzelmet arattál a kis éned
felett. Ellenfeled nem befolyásolhatta szellemedet.

Elképzelni se tudom, hogy barátságtalanul bánjak
valakivel, akkor sem, ha az illető halálos ellenségem.
Ha így tennék, az nekem esne rosszul. Annyi durva-
ságot látok a világban, megbocsáthatatlan lenne, ha
én is növelném a számukat. Ha szereted Istent, és Őt
látod minden lélekben, nem is lehetsz rossz. Ezért
amikor valaki megsért, gondold el, hogyan bánhatnál
vele a lehető legnagyobb szeretettel. Amennyiben
továbbra sem belátó, vonulj vissza egy időre. Tartsd
meg magadnak nyájasságodat, ugyanakkor kellemet-
lenkedéssel se rontsd le viselkedésedet. Az egyik leg-
nagyobb győzelem, amelyet a kis énen arathatsz, az,
ha mindig törődő és szeretetteljes tudsz maradni, és
biztos vagy abban, hogy senki nem késztethet visel-
kedésed megváltoztatására. Gyakorold ezt. Hiába
fogott össze a teljes római igazgatás, nem tudta dur-
vaságra rávenni Krisztust. Azokért is imádkozott,
akik megfeszítették: „Atyám bocsásd meg nékik,

mert nem tudják, mit cselekszenek.[§]"

Aki biztos önuralmában, nagyobb győzelmet arat a diktátoroknál, olyan győzelmet, amely feddhetetlenül áll lelkiismerete ítélőszéke előtt. A te bírád a lelkiismereted. Hagyd, hogy gondolataid legyenek az esküdtszék, és te az alperes. Vesd magad alá próbának napról napra, és azt találod, hogy valahányszor elveszed büntetésed lelkiismeretedtől, valahányszor szigorúan a pozitív hozzáállásod fenntartására ítéled magad – azaz hogy hű légy isteni természetedhez –, győzni fogsz.

A LÉLEK GYŐZELME

A hajlott kor nem mentség, ilyenkor is változtathatunk magunkon. A győzelem feltétele nem a fiatalság, hanem a kitartás. Légy te is olyan kitartó, amilyen Jézus volt. Vesd össze az ő viselkedését, amikor eljött az idő, hogy lemondjon halandó testéről, bármelyik látszatra sikeres szabad emberével, aki akkor Jeruzsálem utcáit tapodta. Ő egészen a végsőkig, minden megpróbáltatás közepette győztes maradt, akkor is, amikor bebörtönözték és keresztre

§ Lukács 23, 34.

feszítették. Hatalma volt a természet felett, de Ő a halállal játszott amíg végül legyőzte azt. Akik félnek az elmúlástól, hagyják, hogy a halál győzzön felettük. Azok azonban, akik szembenéznek önmagukkal, és napról napra igyekeznek jobbá válni, bátran néznek majd szembe a halállal, és igazi győzelmet aratnak. Mert a lélek győzelme a legfontosabb.

Előttem már semmiféle fátyol nem zárja el az életet a haláltól, ezért a halál csöppet sem ijeszt meg. A megtestesült lélek olyan, mint az óceán egy hulláma. Mikor valaki meghal, e lélek-hullám beleolvad a Szellem óceánjának tükrébe, ahonnan származik. A halálra vonatkozó igazság elrejtetett az átlagember elől, aki semmiféle erőfeszítést nem tesz Isten megismerésére. Az ilyen ember nem fogja fel, hogy Isten országa benne magában lakozik, csordultig telve az Ő csodáival. Ebben a királyságban sem a szenvedés, sem a nélkülözés, sem az aggódás, sem a rémálmok nem ámíthatják el a lelket. Semmi egyebet nem kell tennem, mint kinyitni spirituális szememet, és máris eltűnik a föld, s megjelenik egy másik világ. Ebben a birodalomban meglátom a végtelen Istent. Ez a tudatállapot a tevékenység és a meditáció egyensúlyából származik. Mindehhez tömérdek ténykedés is szükséges, nem önérdekből, hanem Isten szolgálatának vágyával. Ugyanennyire elengedhetetlen az is, hogy naponta tégy erőfeszítéseket az Ő megismerésére mély meditációban.

HOZD ÖSSZHANGBA VILÁGI KÖTELESSÉGEIDET ISTEN KERESÉSÉVEL

Akármilyen elfoglalt vagy is, ez még nem mentség arra, hogy elfeledkezz Istenről. A spirituális útra lépő tanítványokat több megpróbáltatás éri, mint az anyag világában élő embert, ne hivatkozz hát világi kötelezettségeidre, amikért elhanyagolod Istent.

Ne hanyagold el Őt munkád miatt, de a munkádat se hagyd el Miatta. Összhangba kell hoznod e kétféle tevékenységet. Meditálj naponta, és miközben földi kötelességeid nehéz terhét hordozod, gondolj egyfolytában Istenre. Érezd át, hogy mindent azért cselekszel, hogy tetszésére legyen. Ha Istenért szorgoskodsz, akkor nem számít, milyen munkát végzel, elméd mindig Rá áll.

A meditáció és a tevékenység közötti egyensúly fenntartásáért vívott nehéz küzdelemben a legnagyobb biztonság, amikor az Isten-tudatra támaszkodunk. Minden, amit Isten tudatával teszek,

meditációvá válik. A részeges ember ital hatása alatt
is tud dolgozni. Ezért, ha megmámorosodsz az Úrtól,
te is tovább munkálkodhatsz, anélkül, hogy elválnál
Tőle. Mély meditációban, amikor elméd mindentől
visszavonod, és eggyé válsz Isten tudatával, egyetlen
kósza gondolat sem lépi át emlékezeted küszöbét.
Ott állsz Istennel koncentrációd és odaadásod erős
vaskapuja mögött, amelyen semmiféle istenek és
lidércek nem merészelnek átlépni. Ez a legcsodálato-
sabb győzelem, ami csak létezik!

Vonulj félre időnként a világtól, hogy csakis
Istennel lehess. Ilyenkor senkit ne engedj a közeled-
be. Tarts önvizsgálatot, tanulj és meditálj. Az éjszaka
a legalkalmasabb az ilyenfajta elszigeteltségre. Talán
azt hiszed, képtelen vagy változtatni szokásaidon, és
nem tudod követni ezt a gyakorlatot, mert annyiféle
kötelesség foglalja le idődet. Csakhogy az egész
éjszaka előtted áll, nincs hát mentséged arra, miért ne
keresd Istent. Ne féltsd egészségedet egy kis virrasz-
tástól. A mély meditáció a meglévőnél is jobb egész-
séghez segít.

Egy bizonyos éjszakai időpont után teljesen elfe-
ledkezem a világról, s gondolatban mindentől eltávo-
lodom. Az alvás alig számít valamit az életemben.

Éjszaka, amikor másokhoz hasonlóan alváshoz készülődöm, nagy Fényesség támad előttem, és többé nem gondolok az alvással. Soha nem is hiányzik. Örök éberségemben nincs is erre szükség. Az isteni bölcsesség öröme igézi meg ilyenkor a tudatot.

Úgy érzem át Isten drámáját, mint senki más, azokat leszámítva, akik előtt megmutatja magát. Része vagyok e világ színjátékának, ugyanakkor távol állok tőle. Valamennyiőtöket színésznek látlak ebben a kozmikus színműben, amelynek Isten a rendezője. Bár meghatározott szerepet kaptál Tőle, mégsem vagy gépiesen mozgó báb. Azt várja, hogy értelmesen és odafigyelve játszd el a szerepedet, felismerve, hogy egyedül az Ő kedvéért alakítod. Így kellene gondolkodnod. Isten kiválasztott, hogy adott feladatot láss el ebben a világban, és akár üzletember vagy, akár háztartásbeli, akár munkás, szerepléseddel egyedül az Ő tetszését kell elnyerned. Így győződ le a földi szenvedést és korlátokat. Aki Istent őrzi kebelében, az az angyalok minden hatalmával rendelkezik, és semmi nem állhat győzelme útjába.

Midőn vakon botorkálsz az élet völgyének sötétjében, szükséged lesz valakire, aki lát is. Egy gurura. Csupán úgy találsz ki a földi ingoványból, ha megvilágosult vezető mellé szegődsz... A szabadulás igazi útja a jóga, a tudományos önelemzés, továbbá annak követése, aki már átkelt a teológia erdején, és biztonsággal elvezérelhet Istenhez.

ISTEN MEGNYERÉSE A
VÉGSŐ GYŐZELEM

Ne gondold tehát, hogy nem tudsz megváltozni és jobbá válni. Tarts önvizsgálatot minden éjszaka, és meditációban elmélyülve így fohászkodj: „Uram, túl sokáig éltem Nélküled. Eleget játszódtam a vágyaimmal. Mivé lehetek így? Szükségem van Rád. Jöjj a segítségemre. Törd meg hallgatási fogadalmad. Vezess engem." Meglehet, tízszer hallgatás a válasz, ám amikor a legkevésbé várod, Ő eljön hozzád. Nem is maradhat távol. A világi kíváncsiskodásra nem felel, ám ha őszinte vagy, légy akárhol, meglátogat. Márpedig ez minden erőfeszítést megérdemel.

A nagyság ára az elvonulás. Ne menj túl gyakran lármás helyekre. A lárma és a nyughatatlanság felajzzák az idegeket. Nem Isten útja ez, hanem a rombolásé, mert ami tönkreteszi nyugalmad, eltávolít Istentől. Akkor vagy Vele, ha nyugodt és kiegyensúlyozott vagy. Jómagam igyekszem többnyire félrehúzódni, ám akár egyedül vagyok, akár tömegben, elrejtezhetem lelkemben, e mélységes mély barlangban. A földi zajok elhalkulnak itt, s a világ meghal számomra, ahogy nyugalmam barlangjában járok. Ha te még nem leltél rá e belső királyságra, miért vesztegeted az idődet? Ki fog megmenteni? Csakis te mentheted meg magadat. Ne pazarold hát idődet.

Ne add fel akkor sem, ha nyomorék vagy, vak, süket vagy néma, a világból kivetett. Mikor így imádkozol Hozzá: „Uram, nem tudok templomodba menni, mert gyönge a szemem, és gyöngék a tagjaim, mégis minden gondolatommal csak Tereád gondolok", akkor az Úr eljön, és ezt mondja: „Gyermekem, a világ lemondott rólad, de én a karomba veszlek. Az én szememben győztes vagy." Én valamennyi napomat az Ő jelenlétének dicsőségében élem le, minden mástól csodálatosan távol érzem magam. Még ha szeretnék is valami különlegeset kívánni, elmém akkor is elfogulatlan marad. Az én eledelem a Szellem, Ő az én örömem, minden érzésem, templomom, hallgatóságom, könyvtáram, ahonnan ihletet meríthetek. Ő az én Kedvesem, szívem szerelme. Isten szelleme minden vágyamat kielégíti, mert Benne találok rá minden bölcsességre, szerelmem minden viszonzott érzésére, minden szépségre, minden létezőre. Nem vágyom és nem törekszem másra Istenen kívül. Bármit kerestem, megleltem Benne. Te is így fogsz rátalálni.

MINDEN SPIRITUÁLIS ERŐFESZÍTÉS
A LÉLEK HALHATATLAN AJÁNDÉKÁT ADJA NÉKED

Ne vesztegesd hát idődet, mert ha testet kell váltanod, jó ideig kell várnod, amíg érdemben Isten nyomába eredhetsz. Először újra kell ehhez születned, felnőnöd, és végigszenvedned a gyerekkor megpróbáltatásait és a fiatalság nyughatatlanságát. Miért fecsérelnéd el idődet haszontalan vágyakra? Botorság csupa olyasmi után vágyakozni, amit úgyis magad után hagysz haláloddal. Így soha nem lelsz boldogságra. Ezzel szemben minden erőfeszítés, amely az Istennel való kapcsolatfelvételre irányul meditációdban, megjutalmaz a lélek halhatatlan ajándékával. Kezdd el máris. Isten valódi szerelmesei nem saját dicsőségüket keresik, hanem a Szellemét.

Mindenkinek a saját harcát kell megharcolnia. Határozd el, hogy kiemelkedően sikeres leszel. Nem lesz szükséged hozzá pénzre, hadseregre, sem bármiféle anyagi segédeszközre, nélkülük is páratlan győzelemben lehet osztályrészed. Az egyedüli feltétel a szilárd elhatározás. Mindössze annyit kell tenned, hogy leülsz és csöndesen meditálsz, miközben józan ítélőképességed kardjával egyenként lenyesegeted a téged megrohamozó nyughatatlan gondolatokat. Miután mindet leterítetted, tiéd lesz Isten országa, a higgadt bölcsesség birodalma.

Közületek mindenki, aki hallotta ezt a szentbeszédet, és aki őszinte erőfeszítést tesz a változásra, közelebb kerül Istenhez, s rálel Benne a szellem igazi, tartós győzelmére.

A szerzőről

Paramahansza Jógánandát (1893–1952) sokan korunk egyik legkiemelkedőbb spirituális tanítójának tekintik. Észak-Indiában született, s 1920-ban érkezett az Egyesült Államokba, ahol több mint harminc éven át tanította India ősi tudományát, a meditációt, valamint a kiegyensúlyozott spirituális életvitel művészetét. Nagy sikerű önéletírása – *Autobiography of a Yogi* (Egy jógi önéletrajza) – valamint számos könyve segítségével olvasók millióit ismertette meg Kelet időtlen bölcsességével. Spirituális és humanitárius munkáját az általa 1920-ban alapított nemzetközi szervezet, a Self-Realization Fellowship* viszi tovább, hogy terjessze tanait a világban, a szervezet jelenlegi elnöke és spirituális vezetője, Chidananda testvér irányításával.

---

* Szó szerinti fordításban: Az Önvalóra Ébredés Társasága. Paramahansza Jógánanda értelmezésében a Self-Realization elnevezés jelentése: „Közösség Istennel az Önvalóra ébredés révén, és testvériség minden igazságkereső lélekkel."

TOVÁBBI FORRÁSOK
PARAMAHANSZA JÓGÁNANDA
KRIJÁ JÓGA TANÍTÁSAIHOZ

A Self-Realization Fellowship elkötelezetten és önzetlenül segíti világszerte az istenkeresőket. Információkért az évenként megrendezésre kerülő nyilvános előadásainkról és tanfolyamainkról, valamint a világ különböző részein lévő templomainkban és központjainkban tartott meditációkról és lelkesítő istentiszteleteinkről, meditációs hétvégéink időpontjairól, és más tevékenységeinkről, kérjük látogassa meg Nemzetközi Központunk honlapját:

www.yogananda.org

Self-Realization Fellowship
3880 San Rafael Avenue
Los Angeles, CA 90065-3219
+1 (323) 225-2471-3219

A
SELF-REALIZATION FELLOWSHIP LECKÉI

*Személyes útmutatás és oktatás Paramahansza Jógánandától
a jóga-meditáció technikáival és a spirituális élet elveivel
kapcsolatban*

Ha vonzódást érzel Paramahansza Jógánanda spirituális tanításaihoz, arra buzdítunk, hogy iratkozz fel a *Self-Realization Fellowship Leckéire.*

Paramahansza Jógánanda azért alkotta meg ezt az otthoni tanulásra szánt sorozatot, hogy lehetőséget biztosítson az őszinte istenkeresőknek ama ősi jógameditációs technikák – többek között a *Krijá jóga* tudományának – elsajátítására és gyakorlására, amelyeket elhozott a nyugati világ számára. A *Leckék* egyben Srí Jógánanda gyakorlati útmutatásait is tartalmazzák kiegyensúlyozott testi, szellemi és spirituális jólétünk elérésére.

A *Self-Realization Fellowship Leckéi* jelképes összegért (amely a nyomda- és postaköltségeket fedezi) szerezhetők be. A Self-Realization Fellowship szerzetesei és apácái minden tanulónak örömmel nyújtanak személyes útmutatást gyakorlataik végzéséhez.

További információkért...

A Leckéket bemutató ingyenes, teljes körű ismertető csomagot a www.srflessons.org oldalon igényelheted.

EGY JÓGI ÖNÉLETRAJZA

Paramahansza Jógánanda életének története az igazság utáni egyedülálló keresés elmélyült beszámolója. Ügyesen fonódik bele azoknak a finom, mégis egyértelműen létező törvényeknek a tudományos magyarázata, amelyeknek köszönhetően a jógik csodákat vittek végbe, és önuralomra tettek szert. A szerző élénk részletességgel írja le indiai tanulóéveit Szvámi Srí Juktésvar közelében. Színes, mélyen emberi beszámolókban örökíti meg találkozását a Kelet és a Nyugat nevezetes spirituális személyiségeivel – köztük Mahátma Gandhival, Luther Burbankkel, a stigmákat viselő katolikus Therese Neumannal és Rabindranath Tagoréval.

A jóga tudományába való hiteles bevezetésként az *Egy jógi önéletrajza* korunk egyik spirituális klasszikusa lett, amely felfedi a Kelet és a Nyugat nagy vallási útjait meghatározó tudományos alapvetéseket. Több mint huszonöt nyelvre lefordították, és széles körben használják főiskolai és egyetemi kurzusok anyagaként és kézikönyveként.

Elérhető kemény vagy puha táblás kiadványként a

könyvesboltokban, illetve megrendelhető közvetlenül a kiadótól.

„Ritka értékes beszámoló."

The New York Times

„Elbűvölő és világos magyarázatokkal ellátott tanulmány."

Newsweek

„Soha korábban nem látott napvilágot angolul vagy más európai nyelven ehhez fogható leírás a jógáról."

– Columbia University Press

PARAMAHANSZA JÓGÁNANDA
KÖNYVEI MAGYAR NYELVEN

Megvásárolhatók a könyvesboltokban vagy közvetlenül a kiadótól:

Self-Realization Fellowship
3880 San Rafael Avenue • Los Angeles, California
90065-3219
Telefon: +1 (323) 225-2471 • Fax: +1 (323) 225-5088

www.srfbooks.org

Egy jógi önéletrajza

A Bhagavad-gíta jógája

A siker törvénye

Így beszélhetünk Istennel

Tudományos gyógyító megerősítések

Metafizikai elmélkedések

A vallás tudománya

Ahol a fény honol

Paramahansza Jógánanda mondásai

Hogyan élhetsz félelem nélkül?

Belső béke

Győztesnek lenni az életben

PARAMAHANSZA JÓGÁNANDA

KÖNYVEI ANGOL NYELVEN

Megvásárolhatók a könyvesboltokban vagy közvetlenül a kiadótól:

Self-Realization Fellowship
3880 San Rafael Avenue • Los Angeles, California
90065-3219
Telefon: +1 (323) 225-2471 • Fax: +1 (323) 225-5088

www.srfbooks.org

Autobiography of a Yogi

The Second Coming of Christ:
The Resurrection of the Christ Within You
Kinyilatkoztatásszerű kommentárok Jézus eredeti
tanításaihoz.

God Talks with Arjuna: The Bhagavad Gita
Új fordítás és kommentárok.

Man's Eternal Quest
Paramahansza Jógánanda előadásainak és kötetlen
beszélgetéseinek I. kötete.

The Divine Romance
Paramahansza Jógánanda előadásainak, kötetlen
beszélgetéseinek és esszéinek II. kötete.

Journey to Self-realization
Paramahansza Jógánanda előadásainak és kötetlen
beszélgetéseinek III. kötete.

Wine of the Mystic:
The Rubaiyat of Omar Khayyam — A Spiritual Interpretation
Ihletett kommentárok, melyek fényt derítenek az Istennel
folytatott bensőséges érintkezés misztikus tudományára,
amely a Rubáiját rejtelmes képi világának hátterében rejlik.

Where There Is Light:
Insight and Inspiration for Meeting Life's Challenges

Whispers from Eternity
Paramahansza Jógánanda imádságainak és a meditáció
emelkedett állapotában nyert isteni megtapasztalásainak
gyűjteménye.

The Science of Religion

The Yoga of the Bhagavad Gita:
An Introduction to India's Universal Science of God-Realization

The Yoga of Jesus:
Understanding the Hidden Teachings of the Gospels

In the Sanctuary of the Soul:
A Guide to Effective Prayer

Inner Peace:
How to Be Calmly Active and Actively Calm

To Be Victorious in Life

Why God Permits Evil and How to Rise Above It

Living Fearlessly:
Bringing Out Your Inner Soul Strength

How You Can Talk With God

Metaphysical Meditations
Több mint 300 spirituálisan felemelő meditáció, imádság és megerősítés.

Scientific Healing Affirmations
Paramahansza Jógánanda a megerősítés tudományának mélyenszántó magyarázatával szolgál e könyvben.

Sayings of Paramahansa Yogananda
Mondások és bölcs tanácsok gyűjteménye, amely Paramahansza Jógánanda őszinte és szeretetteljes válaszait tolmácsolja az útmutatásért hozzá fordulóknak.

Songs of the Soul
Paramahansza Jógánanda misztikus költészete.

The Law of Success
Ama dinamikus elvek taglalása, amelyek segítségével az ember elérheti céljait az életben.

Cosmic Chants
60 áhítatos ének szövege (angol nyelven) és zenéje – a bevezetés megvilágítja, hogyan vezethet el a spirituális ének az Istennel folytatott bensőséges érintkezéshez.

PARAMAHANSZA JÓGÁNANDA
HANGFELVÉTELEI

Beholding the One in All

The Great Light of God

Songs of My Heart

To Make Heaven on Earth

Removing All Sorrow and Suffering

Follow the Path of Christ, Krishna, and the Masters

Awake in the Cosmic Dream

Be a Smile Millionaire

One Life Versus Reincarnation

In the Glory of the Spirit

Self-Realization: The Inner and the Outer Path

A SELF-REALIZATION FELLOWSHIP
EGYÉB KIADVÁNYAI

Kívánságára elküldjük Önnek a Self-Realization
Fellowship kiadványainak, illetve hang/videofelvételei-
nek teljes katalógusát.

Szvámi Srí Juktésvar:
The Holy Science

Srí Dajá Máta:
Only Love:
Living the Spiritual Life in a Changing World

Srí Dajá Máta:
Finding the Joy Within You:
Personal Counsel for God-Centered Living

Srí Dajá Máta:
Intuition:
Soul Guidance for Life's Decisions

Srí Gjánamáta:
God Alone:
The Life and Letters of a Saint

Szánanda Lál Ghós:
"Mejda":
The Family and the Early Life of Paramahansa Yogananda

Self-Realization
(negyedévente megjelenő magazin, amelyet
Paramahansza Jógánanda indított 1925-ben)

DVD (DOKUMENTUMFILM)

AWAKE: The Life of Yogananda.

Díjnyertes dokumentumfilm Paramahansza Jógánanda
életéről és munkásságáról.